школа - maktab	2
путешествие - sayohat	5
транспорт - transport	8
город - shahar	10
ландшафт - manzara	14
ресторан - restoran	17
супермаркет - supermarket	20
напитки - ichimliklar	22
еда - taom	23
ферма - chorvachilik xo'jaligi	27
дом - uy	31
гостиная - mehmonxona	33
кухня - oshxona	35
ванная комната - vannaxona	38
детская комната - bolalar xonasi	42
одежда - kiyim	44
офис - idora	49
экономика - iqtisod	51
профессии - kasblar	53
инструменты - asboblar	56
музыкальные инструменты - musiqa asboblari	57
зоопарк - hayvonot bog'i	59
спорт - sport o'yinlari	62
действия - mashg'ulot	63
семья - oila	67
тело - tana	68
больница - shifoxona	72
неотложный случай - tez yordam	76
земля - yer	77
часы - soat	79
неделя - xafta	80
год - yil	81
формы - shakllar	83
цвета - ranglar	84
противоположности - qarama-qarshi ma'noli so'zlar	85
цифры - raqamlar	88
языки - tillar	90
кто / что / как - kim / nima / qanday	91
где - qayerda	92

Impressum
Verlag: BABADADA GmbH, Nedderfeld 112 , 22529 Hamburg
Geschäftsführer / Verlagsleitung: Harald Hof
Druck: Books on Demand GmbH, In de Tarpen 42, 22848 Norderstedt

Imprint
Publisher: BABADADA GmbH, Nedderfeld 112 , 22529 Hamburg, Germany
Managing Director / Publishing direction: Harald Hof
Print: Books on Demand GmbH, In de Tarpen 42, 22848 Norderstedt, Germany

школа
maktab

делить — bo'lmoq
доска — doska
классная комната — sinf
школьный двор — maktab hovlisi
учитель — o'qituvchi
бумага — qog'oz
писать — yozmoq
ручка — ruchka
письменный стол — ish stoli
линейка — lineyka
книга — kitob
ученик — o'quvchi

ранец
osma sumka

пенал
qalamdon

карандаш
qalam

точилка
qalam uchlagich

ластик
o'chirgich

альбом для рисования
rasm albomi

школа - maktab

рисунок
chizmachilik

кисточка
bo'yoq cho'tka

коробка красок
bo'yoqdon

ножницы
qaychi

клей
yelim

тетрадь
mashg'ulot daftari

домашняя работа
uy ishi

цифра
raqam

прибавлять
qo'shmoq

вычитать
ayirmoq

умножать
ko'paytirmoq

считать
sanamoq

буква
xat

алфавит
alifbo

слово
so'z boyligi

школа - maktab

текст
matn

читать
oʻqimoq

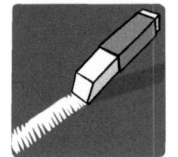
мел
boʻr

урок
dars

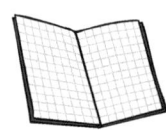
классный журнал
jurnal

экзамен
imtihon

диплом
guvohnoma

школьная форма
maktab formasi

образование
taʼlim

энциклопедия
qomus

университет
oliygoh

микроскоп
mikroskop

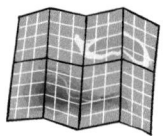
карта
xarita

корзина для бумаг
urna

путешествие
sayohat

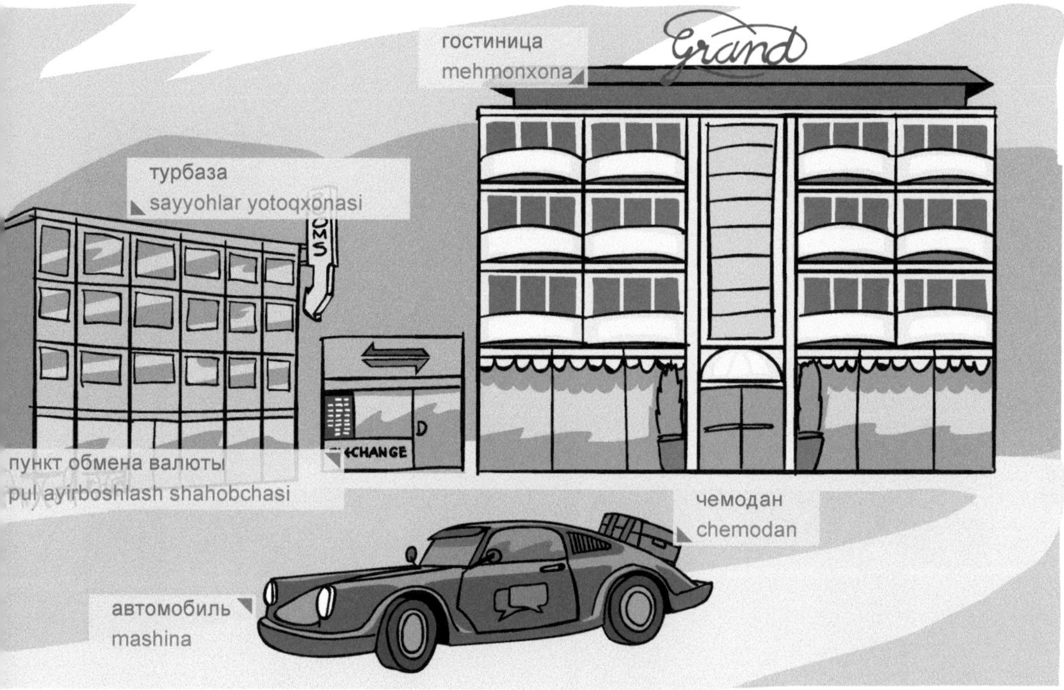

гостиница
mehmonxona

турбаза
sayyohlar yotoqxonasi

пункт обмена валюты
pul ayirboshlash shahobchasi

чемодан
chemodan

автомобиль
mashina

язык

til

да / нет

ha / yo'q

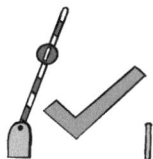

хорошо

Xo'p

Привет

salom

переводчик

tarjimon

Спасибо

Raxmat

Сколько стоит…?

necha pul…?

Я не понимаю

Tushunmadim

проблема

muammo

Добрый вечер!

Xayrli kech!

Доброе утро!

Xayrli tong!

Доброй ночи!

Xayrli tun!

До свидания

ko'rishguncha

направление

yo'nalish

багаж

yo'lovchi yuki

сумка

safarxalta

рюкзак

yuk xalta

гость

mehmon

комната

xona

спальный мешок

uyquqor

палатка

palatka

путешествие - sayohat

туристическая информация
sayohlarga ma'lumot berish stoli

пляж
plyaj

кредитная карточка
omonat karta

завтрак
nonushta

обед
nonushta

ужин
kechki ovqat

билет
chipta

лифт
lift

почтовая марка
marka

граница
chegara

таможня
bojxona

посольство
elchixona

виза
viza

паспорт
pasport

путешествие - sayohat

7

транспорт
transport

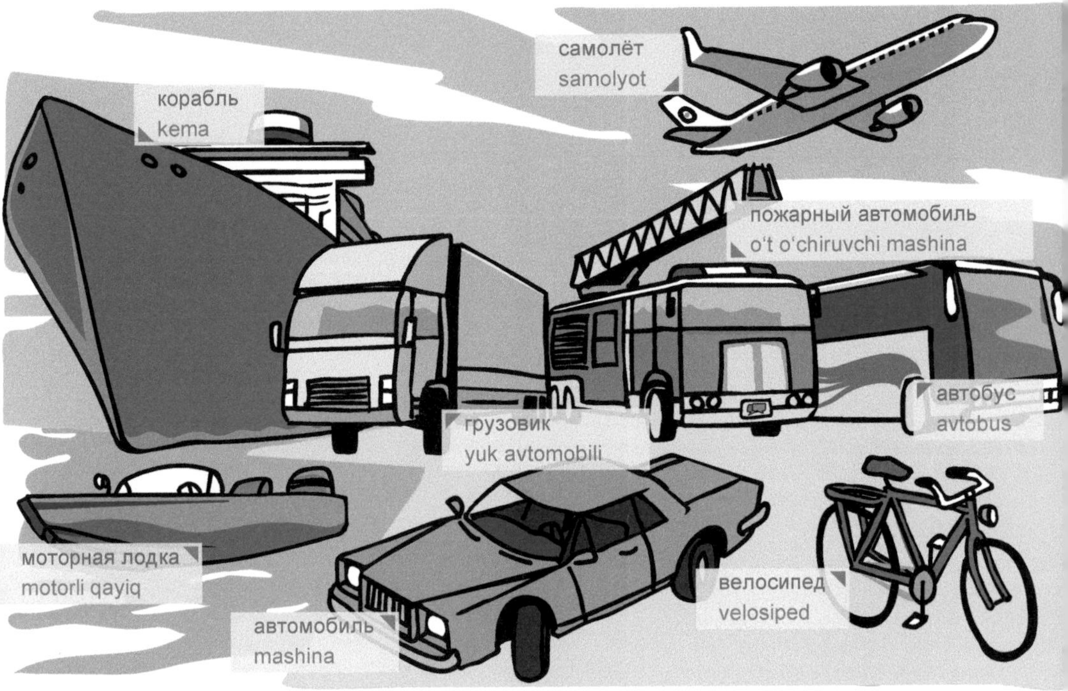

самолёт
samolyot

корабль
kema

пожарный автомобиль
o't o'chiruvchi mashina

автобус
avtobus

грузовик
yuk avtomobili

моторная лодка
motorli qayiq

велосипед
velosiped

автомобиль
mashina

паром
solsimon yassi kema

лодка
qayiq

мотоцикл
mototsikl

полицейский автомобиль
posbon mashinasi

гоночный автомобиль
poyga mashinasi

арендованный автомобиль
kiraga olingan avtoulov

транспорт - transport

совместное пользование автомобилями
avtoijara

буксировочный автомобиль
shatakka oluvchi yuk avtomobili

мусоровоз
axlat mashinasi

двигатель
motor

топливо
yoqilg'i

заправка
yoqilg'i quyish shahobchasi

дорожный знак
yo'l belgisi

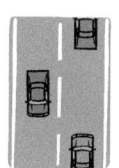

движение
yo'l harakati

пробка
tirband

автостоянка
avtomobil to'xtab turish joyi

вокзал
poyezd bekati

рельсы
rels

поезд
poyezd

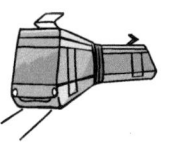

трамвай
tramvay

вагон
vagon

вертолёт
vertolyot

аэропорт
aeroport

вышка
minora

пассажир
yo'lovchi

контейнер
konteyner

коробка
qog'oz quti

тележка
aravacha

корзина
savat

взлетать / приземляться
uchmoq / qo'nmoq

город
shahar

деревня
qishloq

центр города
shahar markazi

дом
uy

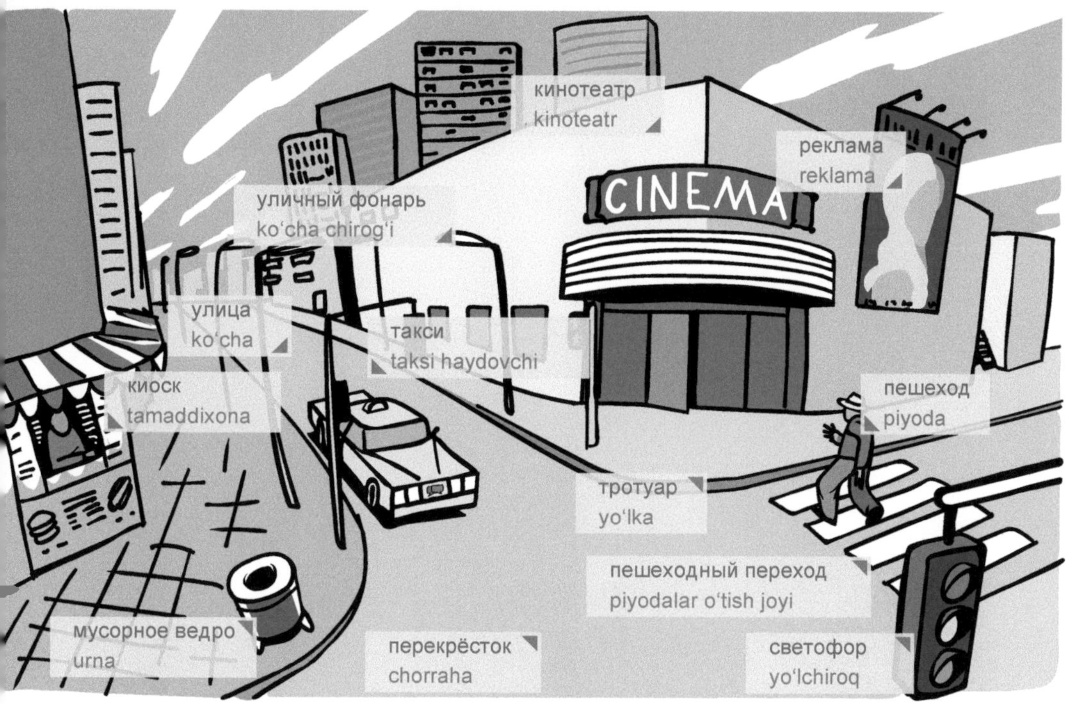

кинотеатр
kinoteatr

реклама
reklama

уличный фонарь
ko'cha chirog'i

улица
ko'cha

такси
taksi haydovchi

киоск
tamaddixona

пешеход
piyoda

тротуар
yo'lka

пешеходный переход
piyodalar o'tish joyi

мусорное ведро
urna

перекрёсток
chorraha

светофор
yo'lchiroq

хижина
kulba

квартира
kvartira

вокзал
poyezd bekati

ратуша
mahalliy hokimiyat binosi

музей
muzey

школа
maktab

город - shahar

университет
oliygoh

банк
bank

больница
shifoxona

гостиница
mehmonxona

аптека
dorixona

офис
idora

книжный магазин
kitob do'koni

магазин
do'kon

цветочный магазин
gul do'koni

супермаркет
supermarket

рынок
bozor

универмаг
univermag

торговец рыбой
baliq do'koni

торговый центр
savdo markazi

порт
bandargoh

парк
istirohat bog'i

скамейка
bank

мост
ko'prik

лестница
zinapoya

метро
metro

тоннель
yer osti yo'li

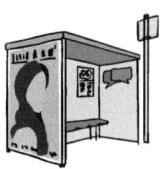

автобусная остановка
avtobus bekati

бар
bar

ресторан
restoran

почтовый ящик
pochta qutisi

табличка с названием улицы
ko'cha yozuv osma taxtasi

паркометр
to'xtab turish vaqtini hisoblagach

зоопарк
hayvonot bog'i

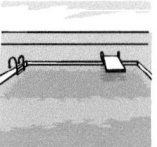

бассейн
basseyn

мечеть
masjid

город - shahar

ферма
chorvachilik xoʻjaligi

загрязнение окружающей среды
atrof-muhit ifloslanishi

кладбище
qabriston

церковь
ibodatxona

детская площадка
bolalar oʻyingohi

храм
ehrom

ландшафт
manzara

- лист — yaproq
- дорожный указатель — yoʻlkoʻrsatgich
- дорога — yoʻl
- луг — oʻtloq
- камень — tosh
- дерево — daraxt
- путешественник — sayyoh
- река — daryo
- трава — maysa
- цветок — gul

долина
vodiy

гора
qir

озеро
ko'l

лес
o'rmon

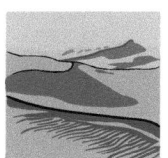

пустыня
cho'l

вулкан
vulkan

замок
qal'a

радуга
kamalak

гриб
qo'ziqorin

пальма
palma daraxti

комар
pashsha

муха
chivin

муравей
chumoli

пчела
asalari

паук
o'rgimchak

ландшафт - manzara

жук
qo'ng'iz

лягушка
qurbaqa

белка
olmaxon

еж
tipratikon

заяц
quyon

сова
ukki

птица
qush

лебедь
oqqush

кабан
erkak cho'chqa

олень
bug'u

лось
butoq shohli kiyik

плотина
to'g'on

ветряной генератор
shamol generatori

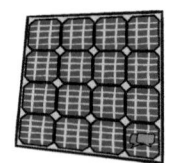

солнечная батарея
quyosh batareyasi

климат
iqlim

ресторан
restoran

- официант / ofitsiant
- меню / taomnoma
- стул / stul
- суп / sho'rva
- пицца / pitstsa
- столовые приборы / oshxona anjomlari
- скатерть / dasturxon

закуска
gazak

главное блюдо
asosiy taom

десерт
desert

напитки
ichimliklar

еда
taom

бутылка
butilka

фастфуд
tez pishar taom

уличная еда
ko'cha taomi

чайник
choynak

сахарница
shakardon

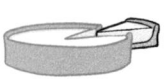
порция
portsiya

кофеварка
espresso kofe mashinasi

детский стульчик
bolalar kursichasi

счет
hisob

поднос
lagan

нож
pichoq

вилка
sanchqi

ложка
qoshiq

чайная ложка
choy qoshiq

салфетка
qo'l sochiq

стакан
stakan

ресторан - restoran

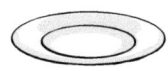  

тарелка	суповая тарелка	блюдце
likop	sho'rva kosa	taqsimcha

соус	солонка	мельница для перца
qayla	tuzdon	qalampir yanchgich

уксус	масло	специи
sirka	yog'	ziravorlar

кетчуп	горчица	майонез
ketchup	xantal	mayonez

ресторан - restoran

супермаркет

supermarket

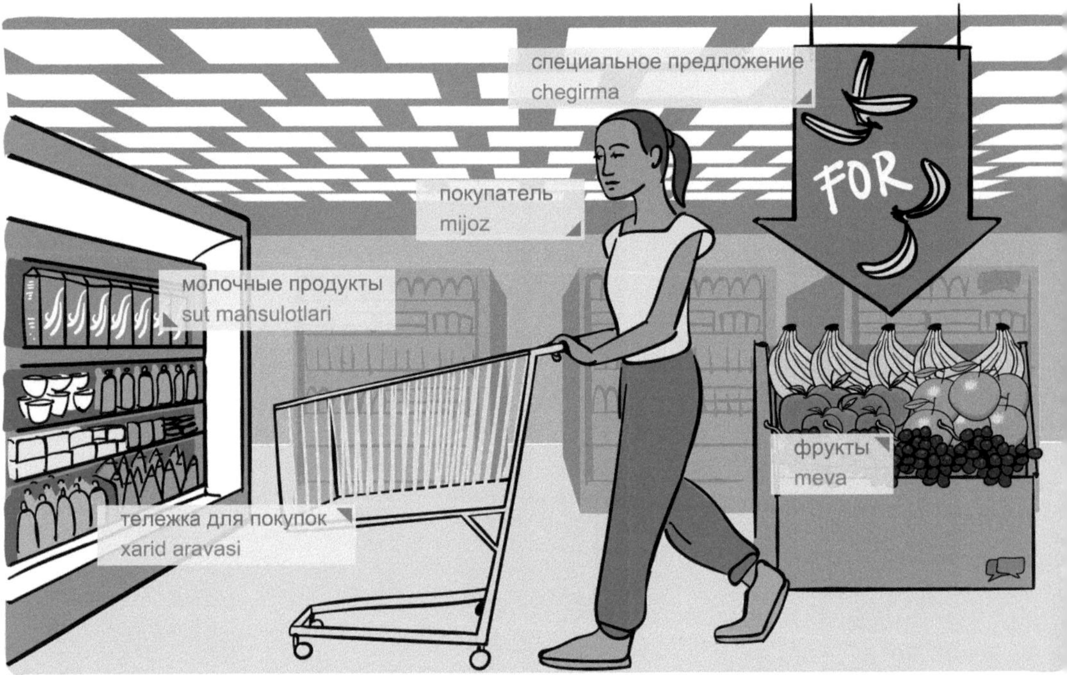

специальное предложение
chegirma
FOR
покупатель
mijoz
молочные продукты
sut mahsulotlari
фрукты
meva
тележка для покупок
xarid aravasi

BUTCHERS

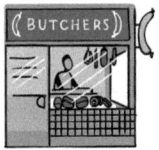

мясной магазин

qassobxona

BAKERY

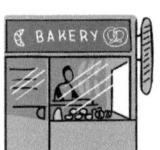

пекарня

nonvoyxona

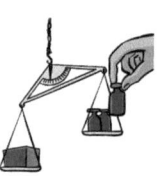

взвешивать

tarozida oʻlchamoq

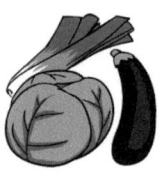

овощи

sabzavot

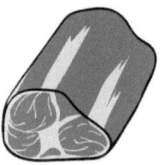

мясо

goʻsht

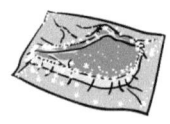

быстрозамороженные продукты

muzlatilgan taomlar

нарезка
yaxna go'sht

консервы
konserva

стиральный порошок
kir yuvish vositasi

сладости
shirinliklar

предмет домашнего обихода
kundalik iste'mol taomlari

моющее средство
yuvish vositalari

продавщица
sotuvchi

касса
kassa

кассир
kassachi

список покупок
xarid ro'yxati

время работы
ish vaqti

бумажник
hamyon

кредитная карточка
omonat karta

сумка
xalta

полиэтиленовый пакет
tsellofan xalta

супермаркет - supermarket

напитки
ichimliklar

вода

suv

сок

sharbat

молоко

sut

кока-кола

koka-kola

вино

vino

пиво

pivo

алкоголь

spirtli ichimlik

какао

kakao

чай

choy

кофе

kofe

эспрессо

espresso

капучино

kapuchino

еда
taom

банан
banan

яблоко
olmaxon

апельсин
apelsin

арбуз
qovun

лимон
limon

морковь
sabzi

чеснок
sarimsoq

бамбук
bambuk

лук
piyoz

гриб
qo'ziqorin

орехи
yong'oq

лапша
lag'mon

спагетти	рис	салат
spagetti	guruch	salat

картофель фри	жареный картофель	пицца
kartoshka-fri	qovurilgan kartoshka	pitstsa

гамбургер	сэндвич	шницель
gamburger	sendvich	toʻqmoqlangan toʻsh qiymasi

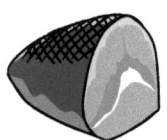

ветчина	салями	колбаса
dudlangan choʻchqa goʻshti	salyami kolbasasi	sosiska

курица	жаркое	рыба
tovuq goʻshti	qovurilgan	baliq

овсяные хлопья
suli bo'tqasi

мюсли
myusli

кукурузные хлопья
makkajo'xori yormasi

мука
un

круассан
frantsuz bulochkasi

булочка
bulochka

хлеб
non

тост
qizartirilgan non burdasi

печенье
pishiriq

масло
sariyog'

творог
tvorog

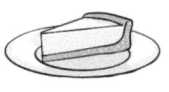
пирог
pirog

яйцо
tuxum

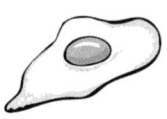
яичница
qovurilgan tuxum

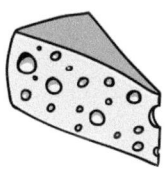
сыр
pishloq

еда - taom

мороженое	сахар	мёд
muzqaymoq	shakar	asal

мармелад	крем с нугой	карри
murabbo	shokolad pastasi	zarchava

ферма
chorvachilik xoʻjaligi

крестьянский дом
dehqon uyi

сарай
pichanxona

тюк из соломы
poxol tuguni

поле
dala

лошадь
ot

прицеп
tirkama

жеребёнок
qulun

трактор
traktor

осёл
eshak

овца
qoʻy

ягнёнок
qoʻzi

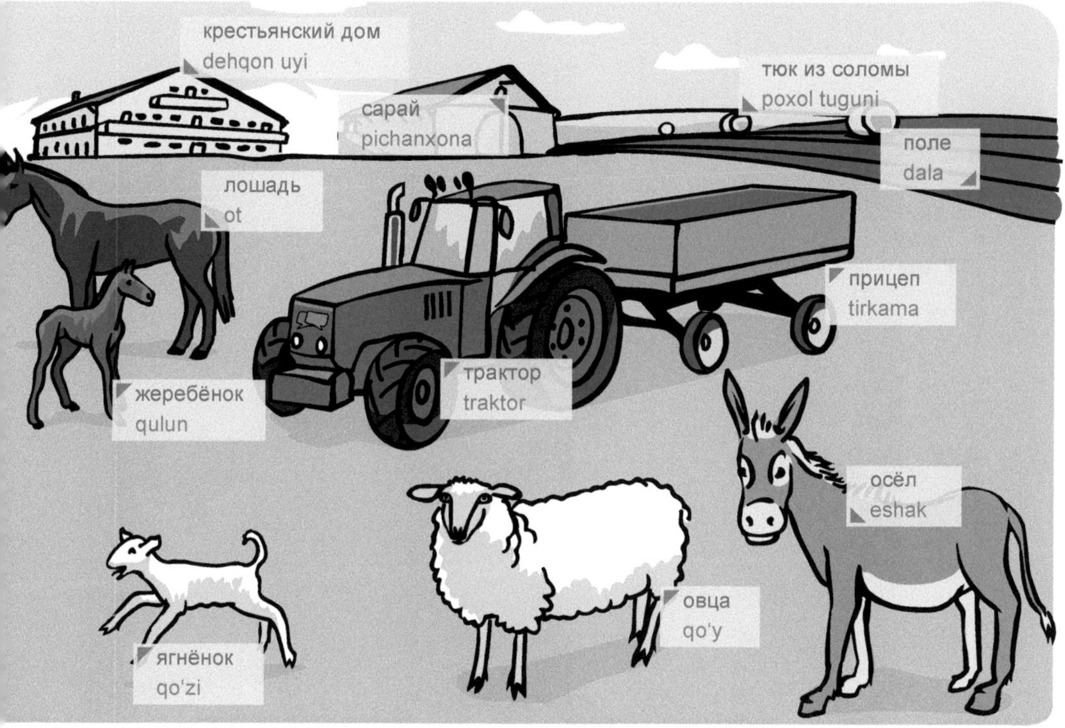

коза
echki

корова
sigir

телёнок
buzoq

свинья
choʻchqa

поросёнок
choʻchqa bolasi

бык
buqa

гусь
g'oz

утка
o'rdak

цыплёнок
jo'ja

курица
tovuq

петух
xo'roz

крыса
kalamush

кошка
mushuk

мышь
sichqon

вол
ho'kiz

собака
it

конура
katalak

садовый шланг
hovli bog' shlangi

лейка
gulchelak

коса
belo'roq

плуг
temir omoch

ферма - chorvachilik xo'jaligi

серп
qo'lo'roq

мотыга
chopqi

навозные вилы
panshaxa

топор
bolta

тачка
g'altakarava

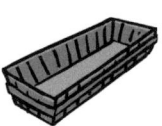

корыто
oxur

бидон для молока
sut bidoni

мешок
to'rva

забор
panjara

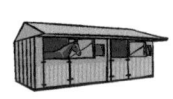

хлев
og'ilxona

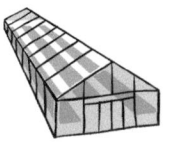

теплица
issiqxona

почва
tuproq

посев
urug'

удобрение
o'g'it

комбайн
kombayn

ферма - chorvachilik xo'jaligi

собирать урожай
hosil olmoq

урожай
yig'im-terim

ямс
yams

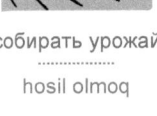

пшеница
bug'doy

соя
soya

картофель
kartoshka

кукуруза
makkajo'xori

рапс
raps urug'i

фруктовое дерево
mevali daraxt

маниок
maniok

злаки
yorma

ферма - chorvachilik xo'jaligi

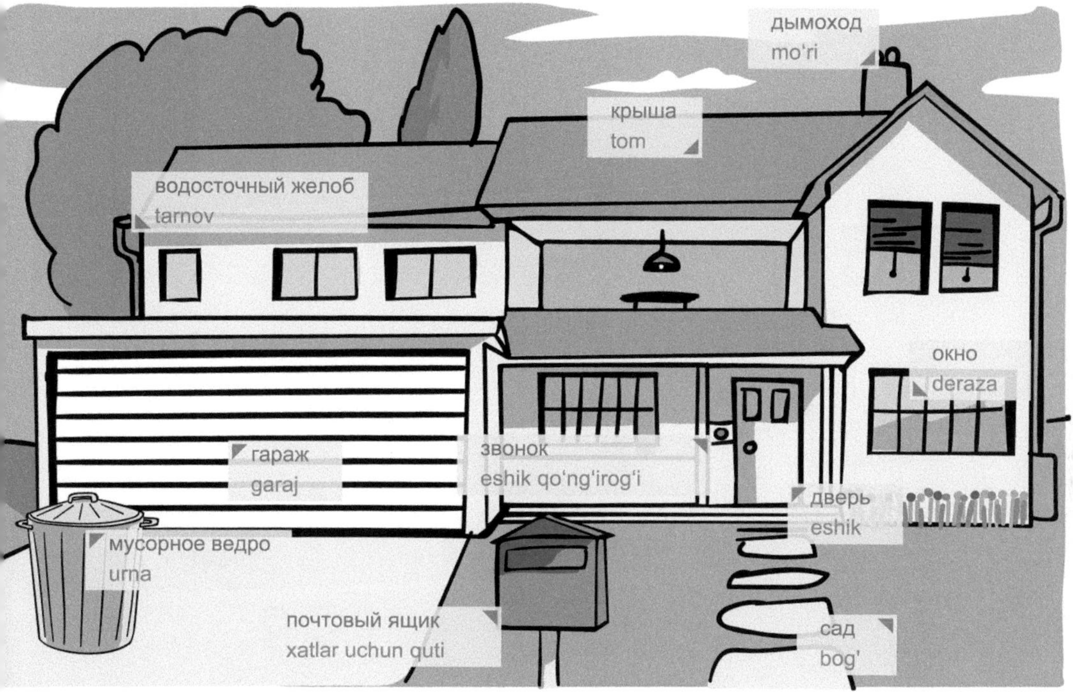

дом
uy

дымоход
mo'ri

крыша
tom

водосточный желоб
tarnov

окно
deraza

гараж
garaj

звонок
eshik qo'ng'irog'i

дверь
eshik

мусорное ведро
urna

почтовый ящик
xatlar uchun quti

сад
bog'

гостиная
mehmonxona

ванная комната
vannaxona

кухня
oshxona

спальня
yotoqxona

детская комната
bolalar xonasi

столовая
oshxona

дом - uy

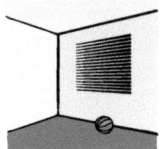

пол
pol

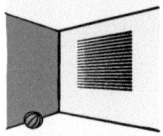

стена
devor

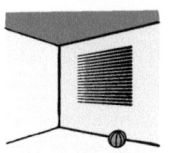

потолок
ship

подвал
podval

сауна
sauna

балкон
balkon

терраса
ayvon

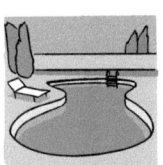

бассейн
basseyn

газонокосилка
o't o'rgich mashina

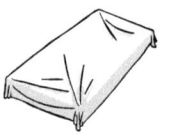

пододеяльник
ko'rpajild

покрывало
choyshab

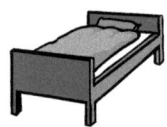

кровать
krovat

метла
supurgi

ведро
paqir

выключатель
murvat

дом - uy

гостиная
mehmonxona

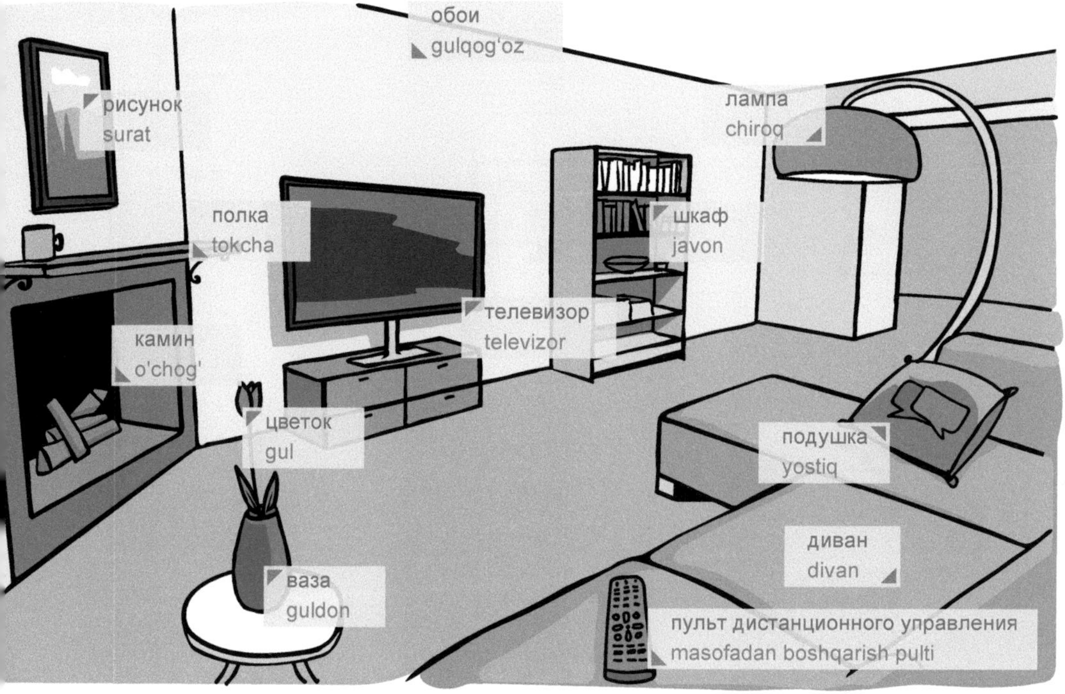

обои / gulqog'oz
рисунок / surat
лампа / chiroq
полка / tokcha
шкаф / javon
камин / o'chog'
телевизор / televizor
цветок / gul
подушка / yostiq
ваза / guldon
диван / divan
пульт дистанционного управления / masofadan boshqarish pulti

ковёр
gilam

штора
parda

стол
stol

стул
stul

кресло-качалка
tebranma kursi

кресло
kreslo

гостиная - mehmonxona

книга
kitob

покрывало
ko'rpa

украшение
hasham

дрова
o'tin

фильм
kino

стереосистема
stereo qurilma

ключ
kalit

газета
gazeta

картина
rasm

плакат
plakat

радио
radio

блокнот
yon daftar

пылесос
chang yutgich

кактус
kaktus

свеча
sham

гостиная - mehmonxona

кухня
oshxona

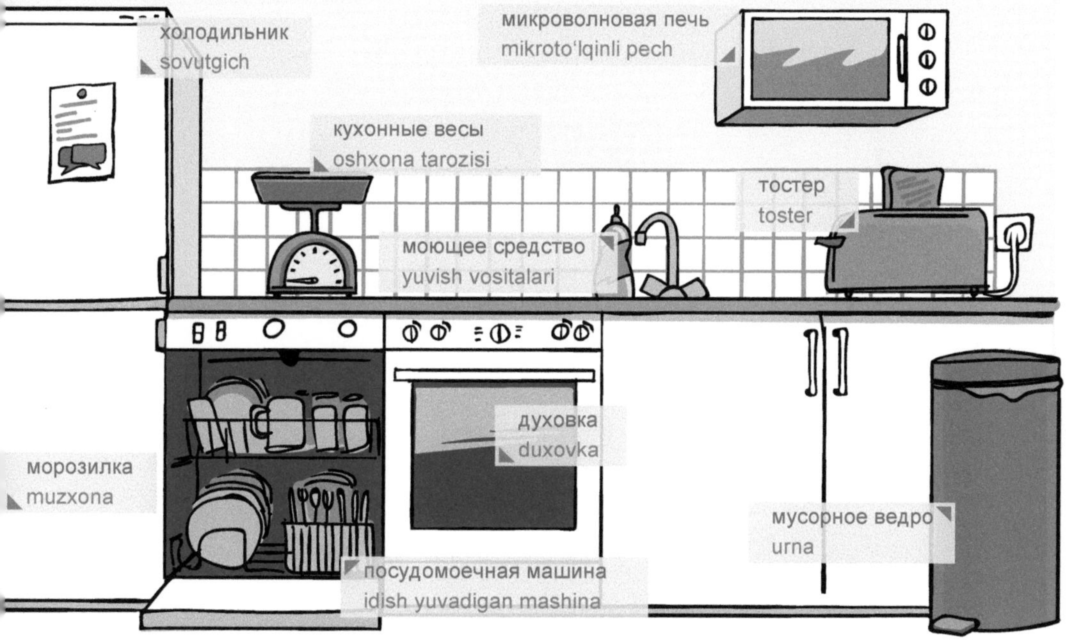

холодильник
sovutgich

микроволновая печь
mikroto'lqinli pech

кухонные весы
oshxona tarozisi

тостер
toster

моющее средство
yuvish vositalari

морозилка
muzxona

духовка
duxovka

мусорное ведро
urna

посудомоечная машина
idish yuvadigan mashina

плита

plita

кастрюля

kastryul

чугунный котелок

cho'yan qozon

вок / кадай

bo'rtma tubli tova

сковорода

tova

чайник

chovgun

пароварка
mantiqasqon

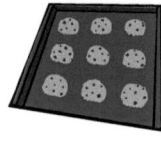
противень
tunuka tova

посуда
chinni idish

кружка
krushka

миска
kosa

палочки для еды
taom yeyish tayoqchalari

половник
cho'mich

лопатка
kurakcha

сбивалка
ko'pirtirgich

сито
chovli

сито
elak

тёрка
qirg'ich

ступка
hovoncha

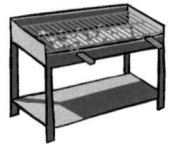
гриль
gril

костёр
olov

кухня - oshxona

доска
oshtaxta

скалка
juva

штопор
parmasimon tiqin ochgich

жестяная банка
konserva

консервный нож
konserva ochgich

прихватка
tutgich

раковина
unitaz

щетка
idish cho'tka

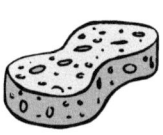

губка
qozonsochiq

миксер
qorishtirgich

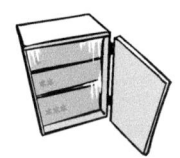

морозильная камера
muzlatgich

бутылочка для кормления
so'rg'ichli chaqaloq butilkasi

кран
kran

ванная комната
vannaxona

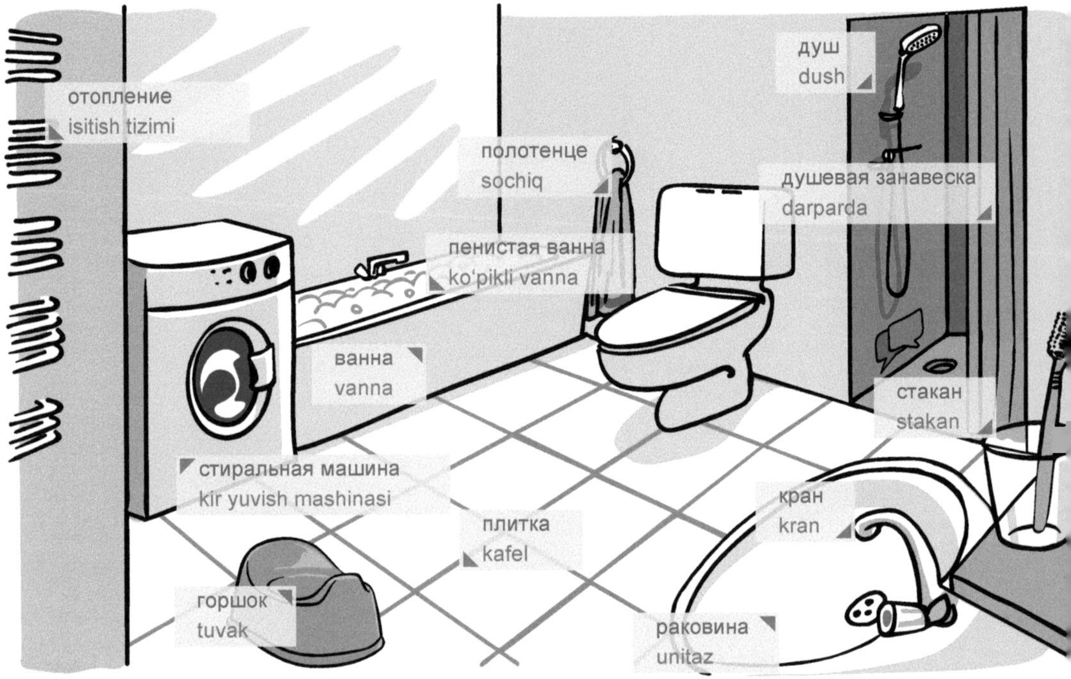

- душ / dush
- отопление / isitish tizimi
- полотенце / sochiq
- душевая занавеска / darparda
- пенистая ванна / ko'pikli vanna
- ванна / vanna
- стакан / stakan
- стиральная машина / kir yuvish mashinasi
- кран / kran
- плитка / kafel
- горшок / tuvak
- раковина / unitaz

туалет

hojatxona

напольный унитаз

polga o'rnatiladigan unitaz

биде

tahoratdon

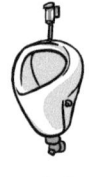

писсуар

siydik unitazi

туалетная бумага

hojatxona qog'ozi

ершик

hojatxona cho'tkasi

зубная щетка
tish cho'tka

зубная паста
tish pastasi

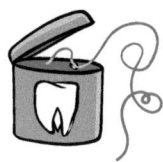
зубная нить
tish tozalagich ip

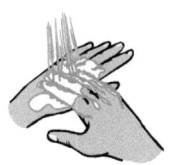
мыть
yuvmoq

ручной душ
dastakli dush

интимный душ
tahorat uchun dush

таз
tog'ora

щетка для спины
yelka qashlaydigan cho'tka

мыло
sovun

гель для душа
dush uchun gel

шампунь
shampun

мочалка
mochalka

сток
quvur

крем
krem

дезодорант
dezodorant

ванная комната - vannaxona

зеркало	ручное зеркало	бритва
ku'zgu	qo'l ku'zgusi	ustara

пена для бритья	лосьон после бритья	расческа
ustara uchun ko'pik	salqinlantiruvchi balzam	taroq

щетка	фен	лак для волос
cho'tka	fen	soch uchun lak

косметика	губная помада	лак для ногтей
pardoz-andoz	lab uchun pomada	tirnoq laki

вата	маникюрные ножницы	духи
paxta	tirnoq qaychisi	atir

ванная комната - vannaxona

косметичка
pardoz-andoz xaltasi

табуретка
kursi

весы
tarozi

халат
cho'milish xalati

резиновые перчатки
rezina qo'lqop

тампон
tampon

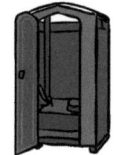

игиеническая прокладка
gigiyenik taglik

биотуалет
biohojatxona

ванная комната - vannaxona

детская комната
bolalar xonasi

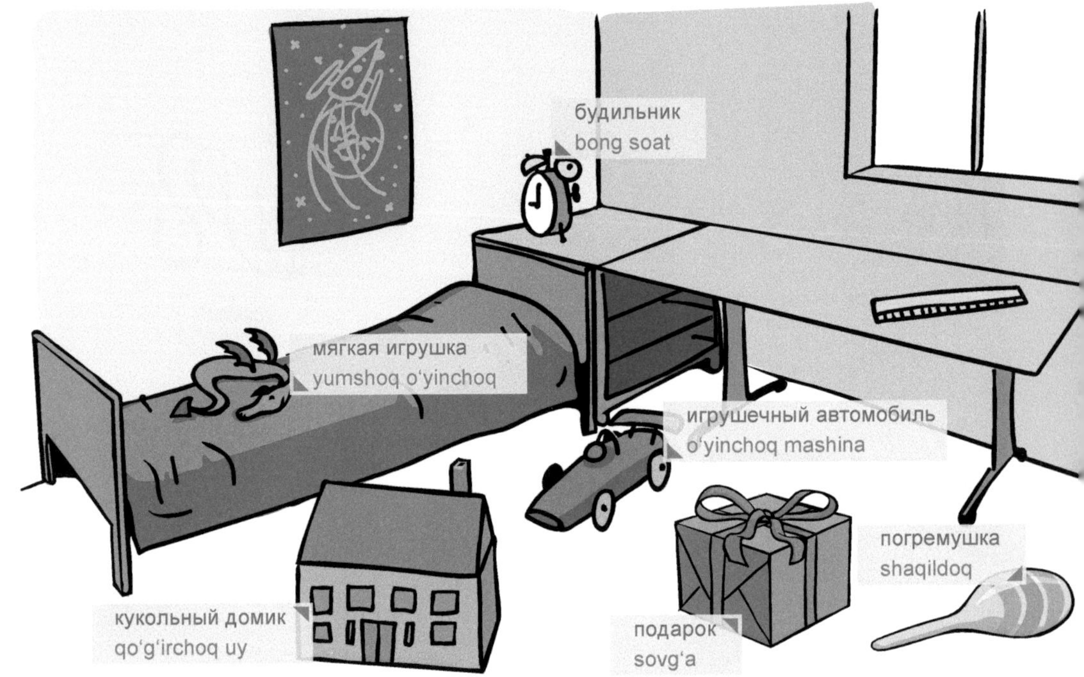

будильник
bong soat

мягкая игрушка
yumshoq o'yinchoq

игрушечный автомобиль
o'yinchoq mashina

кукольный домик
qo'g'irchoq uy

подарок
sovg'a

погремушка
shaqildoq

воздушный шар

shar

кровать

krovat

детская коляска

bolalar aravachasi

карточная игра

karta to'plami

пазл

terma tasvir

комикс

kulgili sahna asari

кирпичики Лего

lego g'ishtlari

кубики

o'yinchoq kubiklar

игрушечная фигурка

o'yinchoq qahramon

ползунки

polzunka

фрисби

uchar likopcha

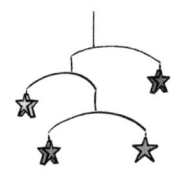

мобиле

osma shaqildoq

настольная игра

stol o'yini

кубик

oshiq

модель железной дороги

poyezd maketi

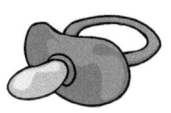

соска

so'rg'ich

вечеринка

o'tirish

книга с картинками

rasmli kitob

мяч

koptok

кукла

qo'g'irchoq

играть

o'ynamoq

детская комната - bolalar xonasi

песочница
qumdon

качели
arg'imchoq

игрушка
o'yinchoqlar

игровая приставка
o'yin pristavkasi

трёхколесный велосипед
uch g'ildirakli velosiped

плюшевый медвежонок
baxmal ayiq

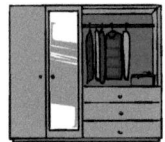
шкаф для одежды
kiyim shkafi

одежда
kiyim

носки
paypoq

чулки
chulki

колготки
kolgotka

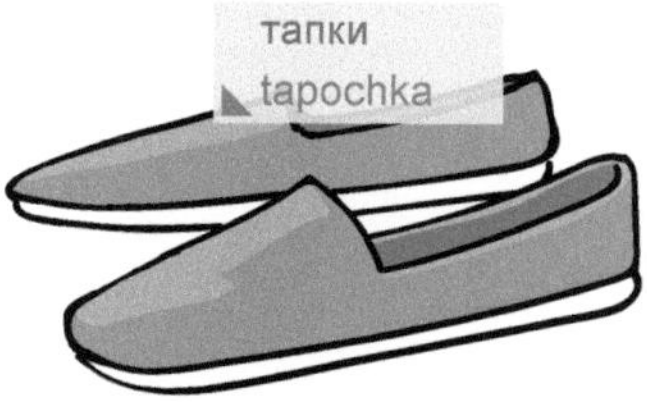

шарф
sharf

зонтик
soyabon

футболка
futbolka

ремень
kamar

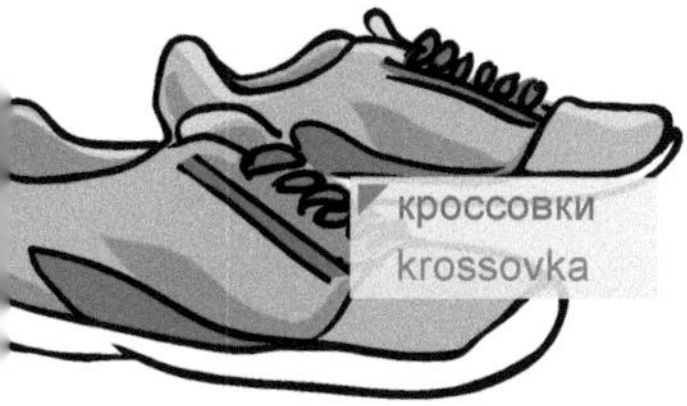

сапоги
botinka

тапки
tapochka

кроссовки
krossovka

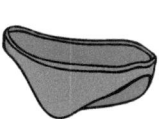

сандалии
shippak

ботинки
tufli

резиновые сапоги
rezina etik

трусы
tor tursik

бюстгальтер
ko'krakpech

майка
mayka

одежда - kiyim

45

боди
bodi

брюки
ishton

джинсы
jinsi

юбка
yubka

блузка
kofta

рубашка
ko'ylak

свитер
jemper

свитер
uzun chakmon

спортивная куртка
sport bichimidagi pidjak

жакет
kurtka

пальто
palto

плащ
plash

костюм
libos

платье
ko'ylak

свадебное платье
kelin ko'ylak

одежда - kiyim

мужской костюм
kostyum shim

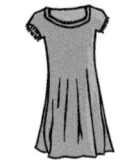
ночная сорочка
tungi koʻylak

пижама
pijama

сари
sari

платок
sholroʻmol

тюрбан
salla

паранджа
paranji

кафтан
chakmon

абайя
abaya

купальник
choʻmilish kostyumi

плавки
tursik

шорты
shortik

спортивный костюм
sport kostyumi

фартук
fartuk

перчатки
qoʻlqop

одежда - kiyim

пуговица
tugma

очки
ko'zoynak

браслет
bilaguzuk

цепочка
munchoq

кольцо
uzuk

серьга
sirg'a

шапка
kepka

вешалка
palto ilgak

шляпа
shlyapa

галстук
bo'yinbog'

застежка молния
zamok

шлем
dubulg'a

подтяжки
shim tortgich

школьная форма
maktab formasi

форма
forma

одежда - kiyim

детский нагрудник

oshxoʻrak

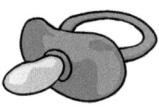

соска

soʻrgʻich

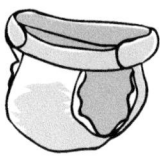

подгузник

taglik

офис
idora

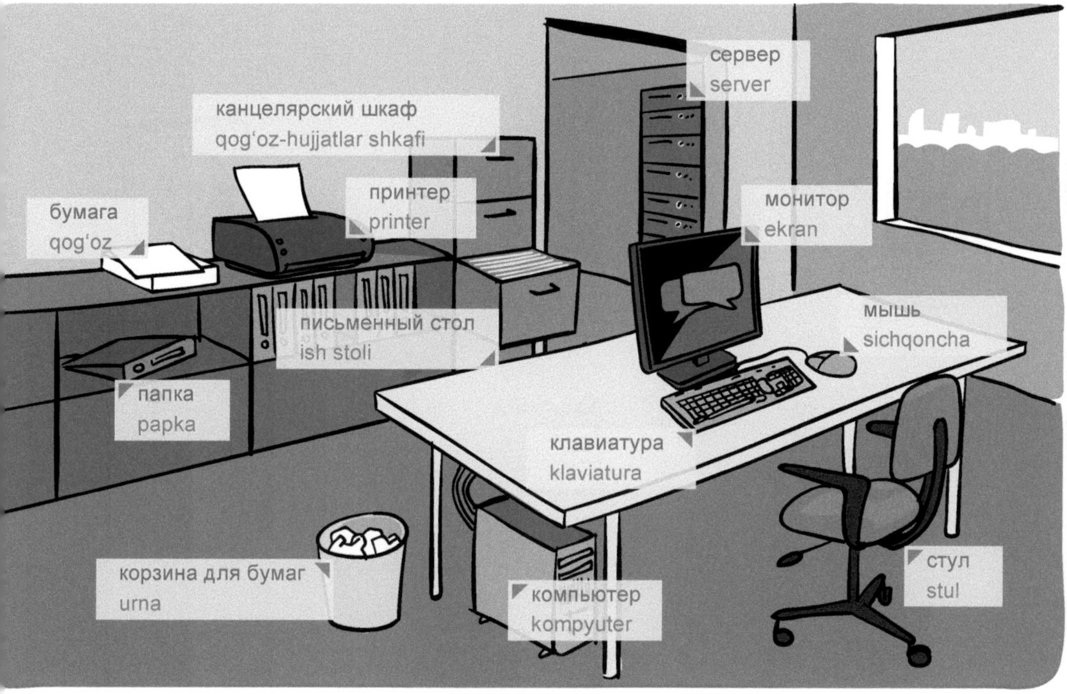

- канцелярский шкаф — qogʻoz-hujjatlar shkafi
- сервер — server
- принтер — printer
- монитор — ekran
- бумага — qogʻoz
- мышь — sichqoncha
- письменный стол — ish stoli
- папка — papka
- клавиатура — klaviatura
- стул — stul
- корзина для бумаг — urna
- компьютер — kompyuter

кофейная кружка

kofe krujkasi

калькулятор

kalkulyator

интернет

internet

офис - idora

ноутбук
noutbuk

письмо
xat

сообщение
maktub

мобильный телефон
uyali telefon

сеть
tarmoq

ксерокс
nusxa ko'chirgich

программа
dastur

телефон
telefon

розетка
rozetka

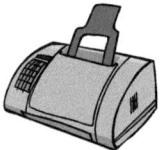

факс
faks

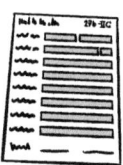

формуляр
shakllar

документ
hujjat

офис - idora

экономика
iqtisod

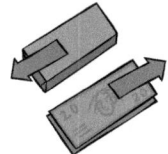

покупать
xarid qilmoq

платить
toʻlamoq

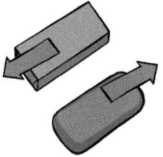

торговать
savdolashmoq

деньги
pul

доллар
dollar

евро
yevro

иена
yyen

рубль
rubl

франк
shvetsar franki

жэньминьби юань
Jenminbi xitoy yuani

рупия
rupi

банкомат
bankomat

пункт обмена валюты
pul ayirboshlash shahobchasi

золото
oltin

серебро
kumush

нефть
neft

энергия
energiya

цена
narx

договор
shartnoma

налог
soliq

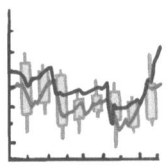

акция
aktsiya

работать
ishlamoq

служащий
ishchi

работодатель
ish beruvchi

фабрика
zavod

магазин
do'kon

экономика - iqtisod

профессии
kasblar

милиционер
politsiyachi

пожарный
o't o'chiruvchi

повар
oshpaz

врач
shifokor

пилот
uchuvchi

садовник
bog'bon

столяр
duradgor

швея
tikuvchi

судья
hakam

химик
kimyogar

актёр
aktyor

профессии - kasblar

водитель автобуса
avtobus haydovchi

таксист
taksi haydovchisi

рыбак
baliq ovlovchi

уборщица
farrosh

кровельщик
tom ustasi

официант
ofitsiant

охотник
ovchi

художник
bo'yoqchi

пекарь
nonvoyxona

электрик
elektr ustasi

строитель
quruvchi

инженер
muhandis

мясник
qassob

сантехник
suvchi chilangar

почтальон
pochtachi

профессии - kasblar

солдат
askar

архитектор
me'mor

кассир
kassachi

флорист
gulchi

парикмахер
sartarosh

кондуктор
chiptachi

механик
mexanik

капитан
kapitan

зубной врач
tish shifokori

ученый
olim

раввин
yaxudiylar ruhoniysi

имам
imom

монах
rohib

священник
ruhiniy

профессии - kasblar

инструменты
asboblar

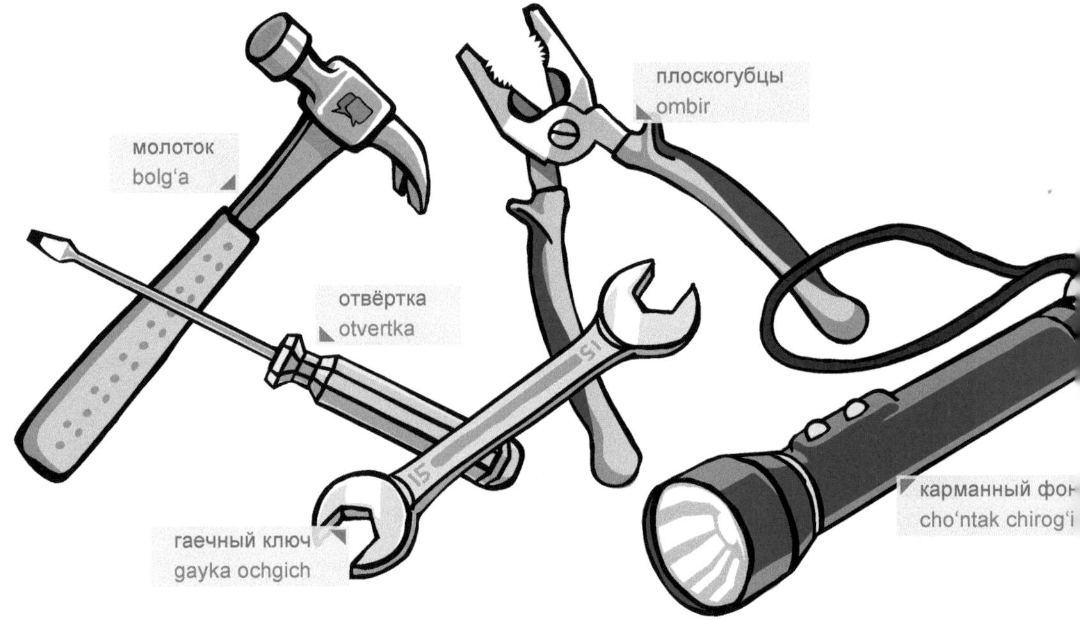

молоток
bolg'a

плоскогубцы
ombir

отвёртка
otvertka

карманный фонарь
cho'ntak chirog'i

гаечный ключ
gayka ochgich

экскаватор
ekskavator

ящик для инструментов
asboblar qutisi

стремянка
narvon

пила
qo'larra

гвозди
mix

дрель
parmadasta

инструменты - asboblar

ремонтировать
tuzatmoq

лопата
belkurak

Блин!
Jin ursin!

совок
xokandoz

ведро с краской
bo'yoq idish

винты
burama mix

музыкальные инструменты
musiqa asboblari

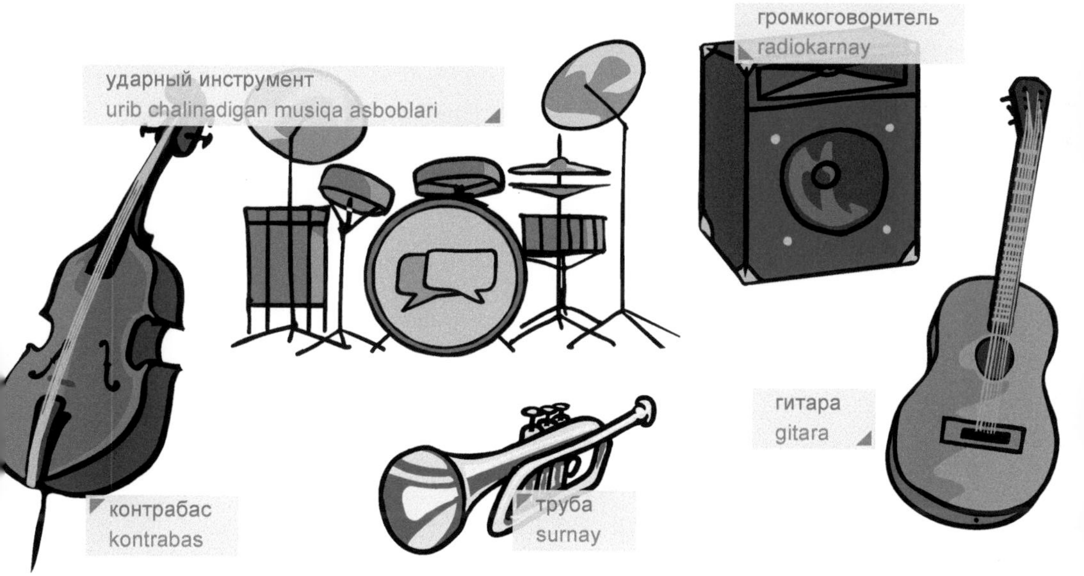

ударный инструмент
urib chalinadigan musiqa asboblari

громкоговоритель
radiokarnay

гитара
gitara

контрабас
kontrabas

труба
surnay

пианино — pianino
скрипка — g'ijjak
бас-гитара — bas-gitara

литавры — qo'shnog'ora
барабан — do'mbira
синтезатор — klaviatura

саксофон — saksofon
флейта — nay
микрофон — mikrofon

музыкальные инструменты - musiqa asboblari

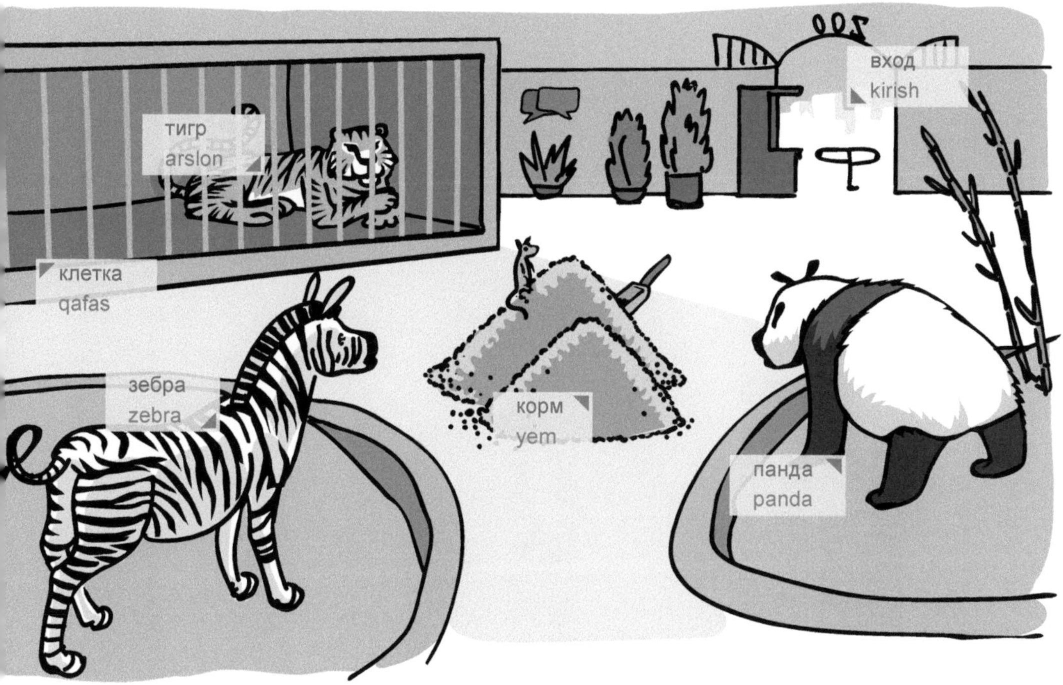

зоопарк
hayvonot bogʻi

- тигр / arslon
- вход / kirish
- клетка / qafas
- зебра / zebra
- корм / yem
- панда / panda

животные
hayvonlar

слон
fil

кенгуру
kenguru

носорог
karkidon

горилла
gorilla

медведь
ayiq

верблюд	страус	лев
tuya	tuyaqush	sher

обезьяна	фламинго	попугай
maymun	qizil g'oz	to'ti

белый медведь	пингвин	акула
oq ayiq	pingvin	akula

павлин	змея	крокодил
tovus	ilon	timsoh

служитель зоопарка	тюлень	ягуар
hayvonot bog'i qorovuli	tyulen	yaguar

пони
to'pichoq ot

леопард
qoplon

бегемот
begemot

жираф
jirafa

орёл
burgut

кабан
erkak cho'chqa

рыба
baliq

черепаха
toshbaqa

морж
morj

лиса
tulki

газель
ohu

спорт
sport o'yinlari

действия
mashg'ulot

прыгать — sakramoq
смеяться — kulmoq
обнимать — quchmoq
идти — yurmoq
петь — kuylamoq
мечтать — hayol qilmoq
молиться — ibodat qilmoq
целовать — o'pmoq

писать
yozmoq

рисовать
chizmoq

показывать
ko'rsatmoq

нажимать
itarmoq

давать
bermoq

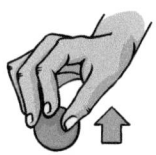

брать
olmoq

иметь
ega bo'lmoq

делать
bajarmoq

быть
bo'lmoq

стоять
turmoq

бежать
yugurmoq

тянуть
tortmoq

бросать
uloqtirmoq

падать
yiqilmoq

лежать
aldamoq

ждать
kutmoq

носить
tashimoq

сидеть
o'tirmoq

надевать
kiyinmoq

спать
uxlamoq

просыпаться
uyg'onmoq

рассматривать
qaramoq

плакать
yig'lamoq

гладить
zarba bermoq

причесывать
taramoq

говорить
gaplashmoq

понимать
tushunmoq

спрашивать
so'ramoq

слушать
tinglamoq

пить
ichmoq

кушать
yemoq

наводить порядок
yig'ishtirmoq

любить
sevmoq

готовить
pishirmoq

ехать
haydamoq

летать
uchmoq

действия - mashg'ulot

ходить под парусом
kemada suzmoq

считать
sanamoq

читать
o'qimoq

учиться
o'rganmoq

работать
ishlamoq

вступать в брак
turmush qurmoq

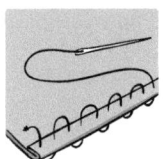
шить
tikmoq

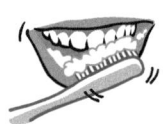
чистить зубы
tish yuvmoq

убивать
o'ldirmoq

курить
chekmoq

отправлять
yo'llamoq

семья
oila

бабушка
buvi

дедушка
buva

папа
ota

мама
ona

младенец
chaqaloq

дочь
qiz

сын
o'g'il

гость

mehmon

тетя

amma

дядя

tog'a

брат

aka

сестра

opa

тело
tana

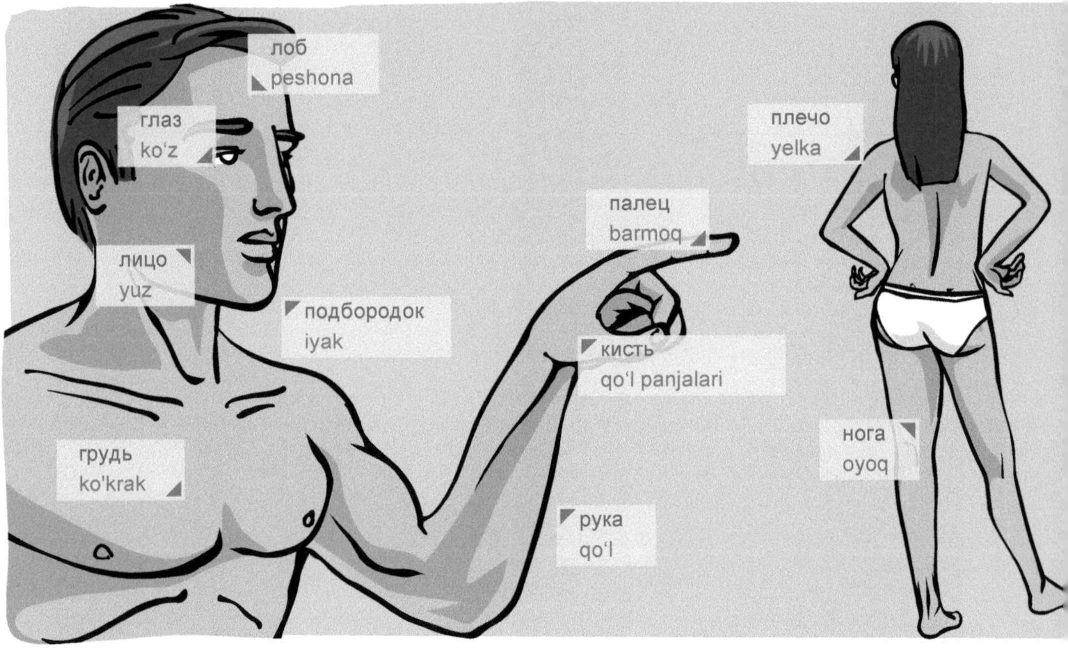

лоб / peshona
глаз / ko'z
лицо / yuz
подбородок / iyak
грудь / ko'krak
палец / barmoq
кисть / qo'l panjalari
рука / qo'l
плечо / yelka
нога / oyoq

младенец
chaqaloq

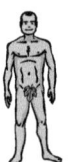

мужчина
odam

женщина
ayol

девочка
qiz bola

мальчик
o'g'il bola

голова
bosh

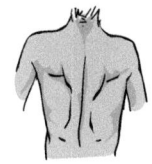
спина
orqa

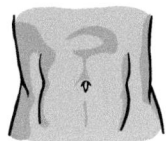
живот
qorin

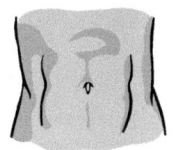
пупок
kindik

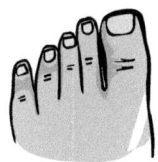
палец ноги
oyoq barmoqlari

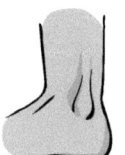
пятка
tovon

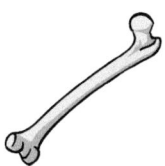
кость
suyak

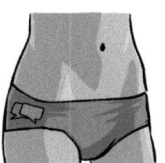
бедро
bel

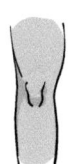
колено
tizza

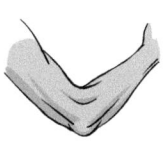
локоть
tirsak

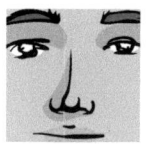
нос
burun

ягодицы
dumba

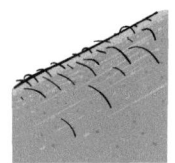
кожа
teri

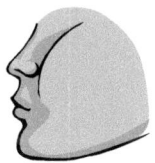
щека
yanoq

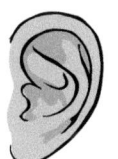
ухо
quloq

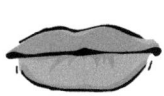
губа
lab

тело - tana

рот
og'iz

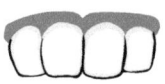

зуб
tish

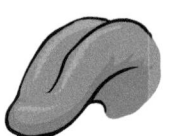

язык
til

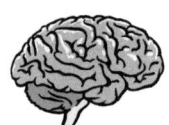

мозг
miya

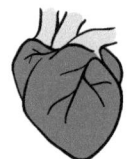

сердце
yurak

мышца
mushak

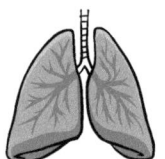

лёгкое
o'pka

печень
jigar

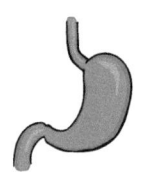

желудок
oshqozon

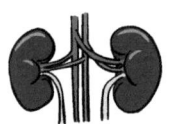

почки
buyrak

половой акт
jinsiy aloqa

презерватив
prezervativ

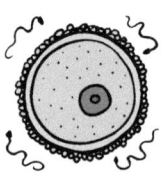

яйцеклетка
tuxum ho'jayra

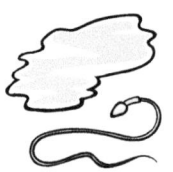

сперма
urug'

беременность
homiladorlik

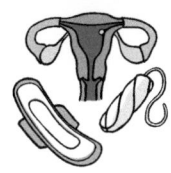
менструация
hayz

вагина
bachadon

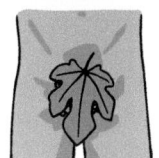
пенис
olat

бровь
qosh

волосы
soch

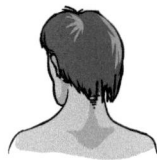
шея
bo'yin

больница
shifoxona

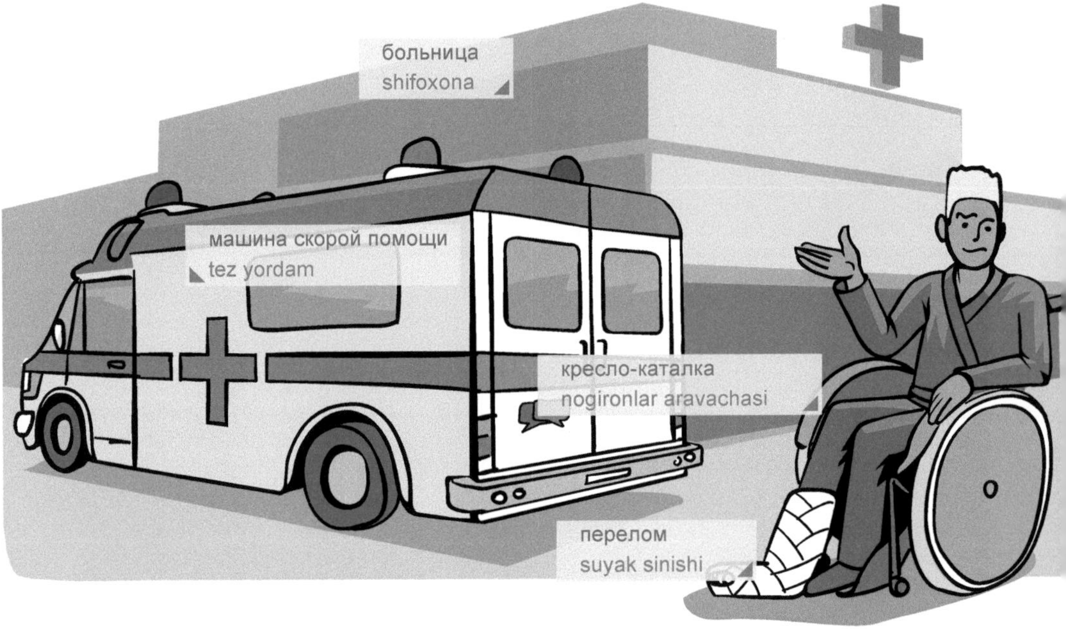

больница
shifoxona

машина скорой помощи
tez yordam

кресло-каталка
nogironlar aravachasi

перелом
suyak sinishi

врач

shifokor

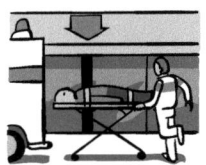

пункт первой помощи

Shoshilich tibbiy yordam ko'rsatish bo'limi

медсестра

hamshira

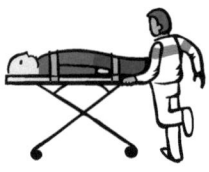

неотложный случай

tez yordam

без сознания

hushsizlik

боль

og'riq

повреждение
jarohat

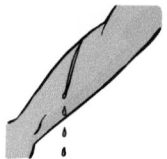
кровотечение
qonash

инфаркт
yurak xuruji

инсульт
insulьt

аллергия
allergiya

кашель
yo'tal

повышенная температура
isitma

грипп
tumov

понос
ichburug'

головная боль
bosh og'rig'i

рак
saraton kasalligi

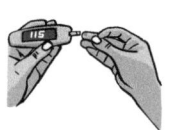
диабет
qandli diabet

хирург
jarroh

скальпель
jarroh pichog'i

операция
jarrohlik amaliyoti

больница - shifoxona

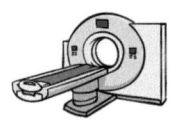
КТ
tomografiya

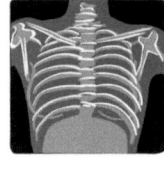
рентген
rentgen

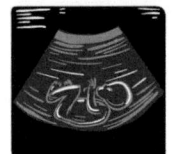
ультразвук
ultratovush tekshiruvi

маска
yuz niqobi

болезнь
kasallik

приёмная
qabulxona

костыль
qo'ltiqtayoq

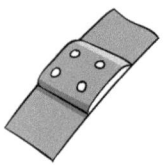
пластырь
malhamli plastir

бинт
bint

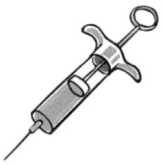
укол
ukol

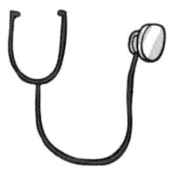
стетоскоп
yurak urushini va o'pkani
eshitib ko'radigan asbob

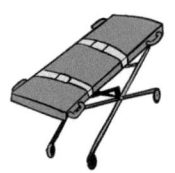
носилки
bemorlar uchun zambil

термометр
termometr

рождение
tug'ruq

избыточный вес
semizlik

больница - shifoxona

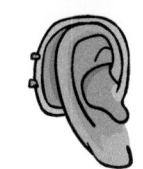

слуховой аппарат

eshitish moslamasi

дезинфекционное средство

dezinfektsiyalovchi vosita

инфекция

infektsiya

вирус

virus

ВИЧ / СПИД

OIV / OITS

лекарство

dori

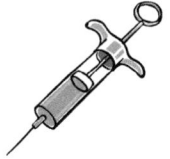

прививка

emlash

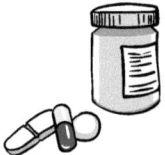

таблетки

tabletka

противозачаточная таблетка

dori

экстренный вызов

tez yordam qo'ng'irog'i

прибор для измерения кровяного давления

qon bosimini o'lchash asbobi

больной / здоровый

kasal / sog'lom

больница - shifoxona

неотложный случай
tez yordam

Помогите!
Yordamga!

сигнал тревоги
xavf-xatar ishorasi

нападение
tajovuz

атака
hujum

опасность
xavf

запасной выход
favqulodda holatlarda chiqish eshigi

Пожар!
Yong'in

огнетушитель
o't o'chirgich

несчастный случай
falokat

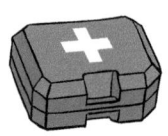

аптечка
birinchi tibbiy yordam to'plami

SOS
falokat signali

милиция
politsiya

земля
yer

Европа

Yevropa

Северная Америка

Shimoliy Amerika

Южная Америка

Janubiy Amerika

Африка

Afrika

Азия

Osiyo

Австралия

Avstraliya

Атлантический океан

Anlantika okeani

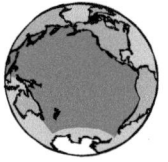

Тихий океан

Tinch okeani

Индийский океан

Hind okeani

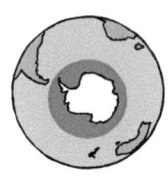

Антарктический океан

Antarktida okeani

Северный Ледовитый океан

Arktika okeani

Северный полюс

Shimoliy qutb

Южный полюс	Антарктика	земля
Janubiy qutb	Antarktika	yer

  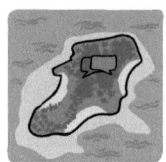

суша	море	остров
oʻlka	dengiz	orol

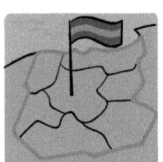 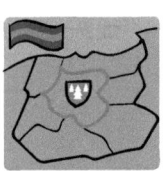

нация	государство
millat	davlat

часы
soat

циферблат
astronomik vaqt ko'rsatgichi

часовая стрелка
soat mili

минутная стрелка
daqiqa mili

секундная стрелка
lahza mili

Который час?
Soat necha?

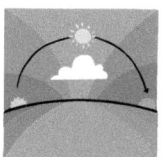

день
kun

время
vaqt

сейчас
hozir

электронные часы
raqamli soat

минута
daqiqa

час
soat

неделя

xafta

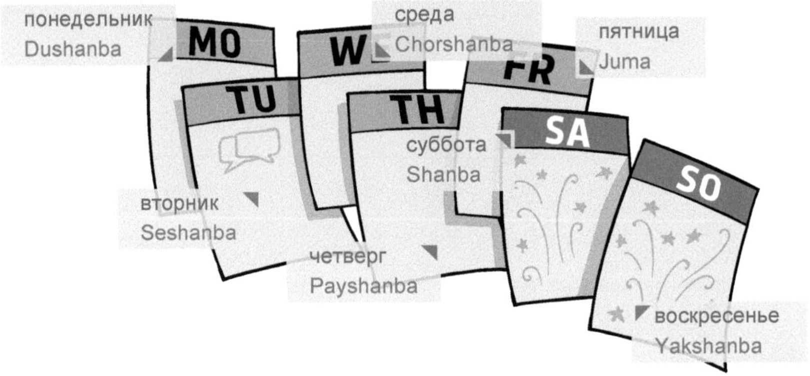
понедельник
Dushanba
MO
вторник
Seshanba
TU
среда
Chorshanba
W
четверг
Payshanba
TH
пятница
Juma
FR
суббота
Shanba
SA
воскресенье
Yakshanba
SO

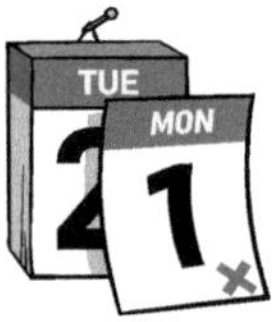
TUE
MON
1

вчера

kecha

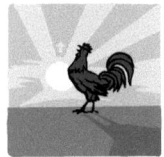

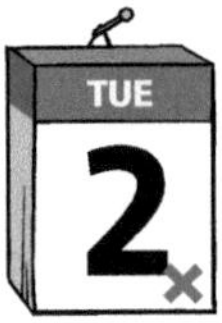
TUE
2

сегодня

bugun

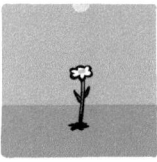

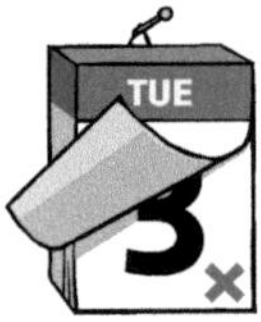
TUE
3

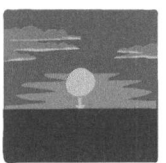

завтра

ertaga

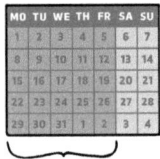

утро

ertalab

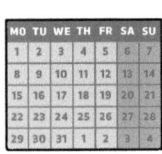

полдень

peshin

вечер

kechqurun

рабочие дни

ish kunlari

выходные

dam olish kunlari

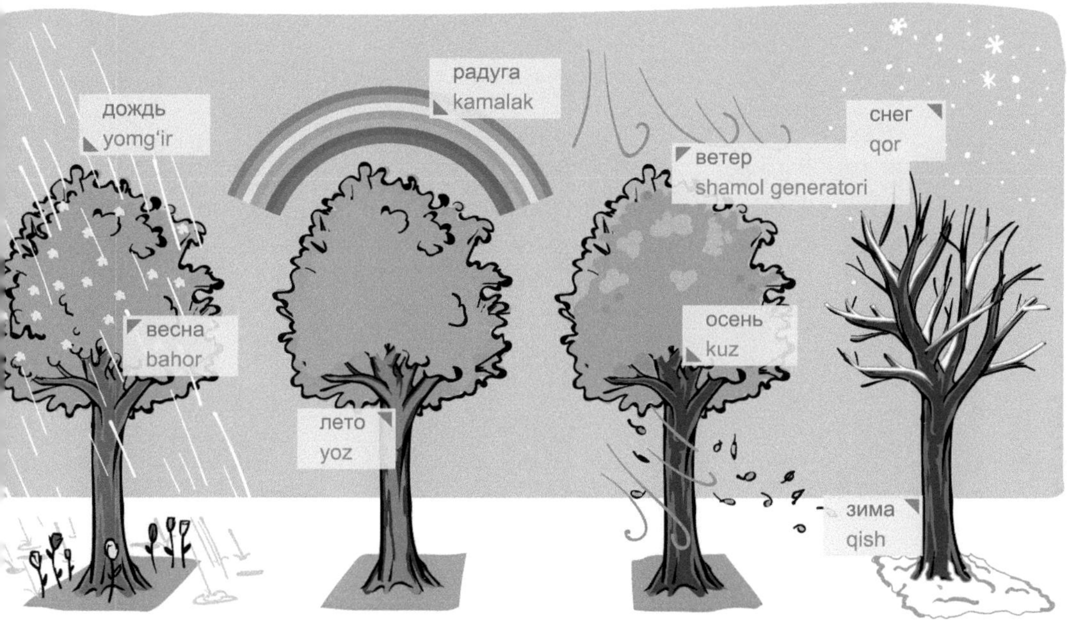

год
yil

дождь / yomg'ir
радуга / kamalak
ветер / shamol generatori
снег / qor
весна / bahor
лето / yoz
осень / kuz
зима / qish

прогноз погоды
ob-havo ma'lumoti

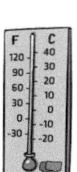

термометр
termometr

солнечный свет
quyoshli

туча
bulut

туман
tuman

влажность воздуха
namgarchilik

молния

chaqmoq

гром

momoqaldiroq

буря

bo'ron

град

do'l

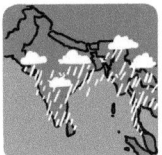

муссон

namgarchilik mavsumi

наводнение

toshqin

лёд

muz

январь

Yanvar

февраль

Fevral

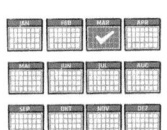

март

Mart

апрель

Aprel

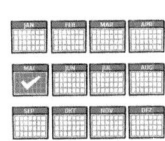

май

May

июнь

Iyun

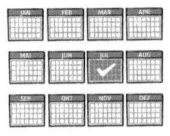

июль

Iyul

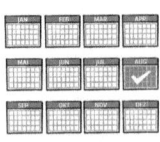

август

Avgust

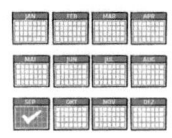

сентябрь

Sentyabr

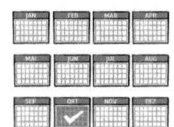

октябрь

Oktyabr

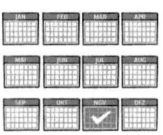

ноябрь

Noyabr

декабрь

Dekabr

формы
shakllar

круг

aylana

квадрат

kvadrat

прямоугольник

to'rtburchak

треугольник

uchburchak

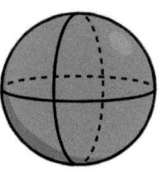

шар

doira

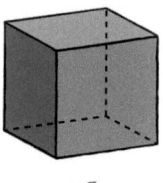

куб

kub

цвета
ranglar

белый

oq

желтый

sariq

оранжевый

sabzi rang

розовый

pushti

красный

qizil

лиловый

to'q qizil

синий

ko'k

зелёный

yashil

коричневый

jigar rang

серый

kul rang

черный

qora

противоположности
qarama-qarshi ma'noli so'zlar

много / мало

ko'p / oz

яростный / мирный

g'azabli / xotirjam

красивый / уродливый

go'zal / xunuk

начало / конец

boshi / oxiri

большой / маленький

katta / kichik

светлый / тёмный

yorug' / qorong'u

брат / сестра

aka / singil

чистый / грязный

toza / iflos

полный / неполный

to'liq / chala

день / ночь

kun / tun

мёртвый / живой

o'lik / tirik

широкий / узкий

keng / tor

съедобный / несъедобный

yesa bo'ladigan / yesa bo'lmaydigan

злой / дружелюбный

yovuz / xayrli

взволнованный / скучающий

hayajonli / zerikarli

толстый / худой

semik / oriq

сначала / в конце

birinchi / oxirgi

друг / враг

do'st / dushman

полный / пустой

to'la / bo'sh

твёрдый / мягкий

qattiq / yumshoq

тяжёлый / легкий

og'ir / yengil

голод / жажда

ochlik / chanqov

больной / здоровый

kasal / sog'lom

незаконный / законный

noqonuniy / qonuniy

умный / глупый

ziyoli / kaltafahm

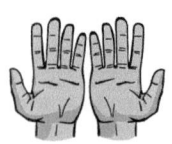

слева / справа

chap / o'ng

близко / далеко

yaqin / uzoq

противоположности - qarama-qarshi ma'noli so'zlar

новый / подержанный

yangi / ishlatilgan

ничто / нечто

hech narsa / bir narsa

старый / молодой

qari / yosh

включено / выключено

yoniq / o'chiq

открыто / закрыто

ochiq / yopiq

тихо / громко

past / baland

богатый / бедный

boy / kambag'al

правильный / неправильный

to'g'ri / noto'g'ri

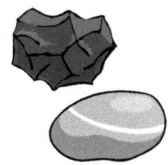

шероховатый / гладкий

notekis / tekis

печальный / счастливый

xafa / xursand

короткий / длинный

qisqa / uzun

медленный / быстрый

sekin / tez

мокрый / сухой

nam / quruq

тёплый / прохладный

iliq / salqin

война / мир

urush / tinchlik

противоположности - qarama-qarshi ma'noli so'zlar

цифры
raqamlar

0 ноль / nol

1 один / bir

2 два / ikki

3 три / uch

4 четыре / toʻrt

5 пять / besh

6 шесть / olti

7 семь / yetti

8 восемь / sakkiz

9 девять / toʻqqiz

10 десять / oʻn

11 одиннадцать / oʻn bir

12
двенадцать
o'n ikki

13
тринадцать
o'n uch

14
четырнадцать
o'n to'rt

15
пятнадцать
o'n besh

16
шестнадцать
o'n olti

17
семнадцать
o'n yetti

18
восемнадцать
o'n sakkiz

19
девятнадцать
o'n to'qqiz

20
двадцать
yigirma

100
сто
yuz

1.000
тысяча
ming

1.000.000
миллион
million

цифры - raqamlar

ЯЗЫКИ
tillar

английский

Ingliz

американский английский

Amerikacha ingliz tili

мандаринский китайский

Xitoy tilining Mandarin lahchasi

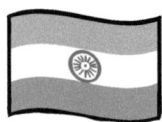

хинди

Hind

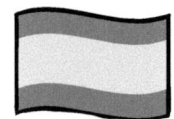

испанский

Ispan

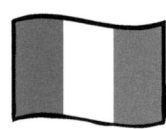

французский

Frantsuz

арабский

Arab

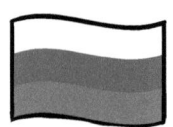

русский

Rus

португальский

Portugal

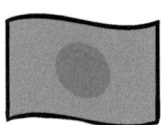

бенгальский

Bengal

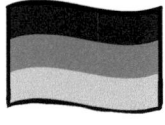

немецкий

Nemis

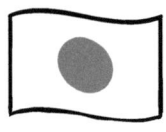

японский

Yapon

кто / что / как
kim / nima / qanday

я
Men

ты
Sen

он / она / оно
u / u / u

мы
biz

вы
sizlar

они
ular

кто?
kim?

что?
nima?

как?
qanday?

где?
qayerda?

когда?
qachon?

имя
ism

где
qayerda

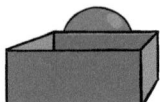

за
orqada

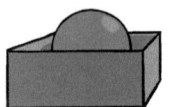

в
ichida

перед
oldida

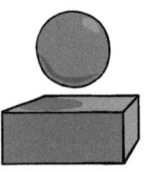

над
uzra

на
ustida

под
tagida

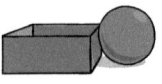

рядом
yonida

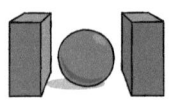

между
o'rtasida

место
joy